CÍCERO PEDRO DE ASSIS

HISTÓRIA DE ROBIN HOOD

ILUSTRAÇÕES: Maércio Siqueira

cultura

ISBN 978-85-293-0207-2

EDITORA DE CULTURA LTDA.
Rua Baceúnas, 180
03127-060 – São Paulo – SP
Fone: (55 11) 2894-5100

atendimento@editoradecultura.com.br
www.editoradecultura.com.br

Primeira edição: Abril de 2019

Impressão:	5ª	4ª	3ª	2ª
Ano:	23	22	21	20

CIP-Brasil. Catalogação na Publicação
Sindicato Nacional dos Editores de Livros, RJ

A865h
Assis, Cícero Pedro de, 1954-
História de Robin Hood / Cícero Pedro de Assis ; ilustração Maércio Siqueira. – 1. ed. - São Paulo : Cultura, 2019.
56 p. : il. ; 16x23 cm. – (Coleção Cordel na Estante)

ISBN 978-85-293-0207-2

1. Poesia. 2. Literatura infantil brasileira. I. Siqueira, Maércio. II. Título.

18-54013 CDD 808.899282
CDU: 82-93(81)

Leandra Felix da Cruz – Bibliotecária – CRB-7/6135
26/11/2018 29/11/2018

Robin Hood, herói de todas as épocas

Robin Hood era um obscuro personagem das baladas medievais, mas, com o tempo, tornou-se uma lenda, a ponto de muitos acreditarem em sua existência, em que pesem os frágeis alicerces históricos em que se escora esta crença. Na mais antiga citação documentada, Robin aparece no poema *Peter Plowman* (Pedro, o lavrador), como um herói popular. As composições em que Robin é o protagonista, segundo o grande historiador francês Jacques Le Goff, surgiriam apenas tardiamente, nos séculos XV e XVI.[1] Nessa configuração, o contexto histórico não era o das cruzadas. Robin teria vivido entre os séculos XIII e XIV e seria um fora da lei que se escondia na floresta, auxiliado por um bravo companheiro, João Pequeno, enfrentando as injustiças praticadas contra os desfavorecidos, personificadas na sinistra figura do xerife de Nottingham. Sua arma é o arco e sua peculiar justiça se baseia numa espécie de direito natural, que vai de encontro à lei estabelecida se esta serve apenas aos opressores.

Os títulos das mais importantes baladas, documentadas por Le Goff, mostram como, pouco a pouco, o mito foi sendo moldado: *Robin Hood e o monge*, *Robin Hood e o oleiro*, *Robin Hood e o xerife*, *A gesta de Robin Hood* e *A morte de Robin Hood*.

[1] LE GOFF, Jacques. *Heróis e maravilhas da Idade Média*. Trad. Stephania Matousek. Petrópolis, Rio de Janeiro: Vozes, 2009.

O herói praticamente desaparece por dois séculos até ser recuperado pela literatura romântica, mais precisamente pelo escritor escocês Walter Scott, que faz dele um dos mais vigorosos personagens de seu romance histórico *Ivanhoé* (1819), inserindo-o no tempo do rei Ricardo Coração de Leão, o século XII, batizado como Locksley, um rebelde saxão que antagoniza com o príncipe John (João sem Terra), usurpador do trono inglês. Apesar de não ser o protagonista do romance, Robin superou Ivanhoé em prestígio, merecendo do escritor estadunidense de livros para crianças Howard Pyle um livro de grande sucesso popular: *Merry adventure of Robin Hood* (1883).

O século XX, graças ao cinema principalmente, fez de Robin e de seu alegre bando, personagens emblemáticos. Além dos filmes que protagonizou, com destaque para *As aventuras de Robin Hood*, dirigido por Michael Curtiz em 1938, com Errol Flynn no papel-título e Olivia de Havilland como sua amada Lady Marian, Robin serviu de modelo para os pistoleiros do gênero *western*, muitas vezes homens honestos que, por causa de uma acusação injusta, acabam se tornando foras da lei. Data de 1973 o desenho animado de Wolfgang Reitterman, produzido pelos estúdios Disney, que funde Robin Hood com o Raposo, herói ladino de um vasto ciclo de fábulas medievais.

Agora personagem também da literatura de cordel, graças ao poeta pernambucano radicado em São Paulo, Cícero Pedro de Assis, Robin retorna ao gênero que o consagrou: a poesia. O cordel nordestino, primo das baladas e romances em versos, também celebrou as façanhas de heróis improváveis, como os cangaceiros

Antônio Silvino e Lampião, e é um grande veículo para narrativas aventurosas como esta. Não por acaso, o xerife de Nottingham, o grande vilão da saga, é definido pelo autor como "um cabra sem cotação". De grande "cotação" é o texto que vamos ler, que atualiza a tradição sem deformá-la.

Robin Hood está vivo.

MARCO HAURÉLIO
Autor de *O cavaleiro de prata* e
Breve história da literatura de cordel

R

HISTÓRIA DE ROBIN HOOD

Entre as obras de cordel
Há muitas que têm virtude.
Que meu estro cordelino
A sua rota não mude,
Pois conto agora a história
Do famoso Robin Hood.

Habitante da floresta,
É um dos mais conhecidos
Entre os heróis consagrados,
Por leitores revividos.
Sempre foi o defensor
Dos fracos e oprimidos.

O potente trono inglês
Passou grande provação:
Viu-se sem o rei Ricardo,
O "Coração de Leão",
Ficando o poder real
Entregue a sinistra mão.

Eu estou me referindo
Ao traiçoeiro tirano,
João, seu irmão cruel,
Vil, covarde e desumano,
Que trouxe ao trono revolta,
Desespero e desengano.

Ricardo havia partido
Urgente numa cruzada,
Porém, voltou da missão
Sem concluir a jornada.
E no regresso sumiu,
Deixando a corte abalada.

Príncipe João se fez logo
O senhor absoluto
De saxões e normandos,
Sendo cruel e astuto.
De maldita exploração
Tornou-se grande reduto.

Xerifes representavam
Em todo burgo a "justiça"
Aplicada firmemente
De uma maneira maciça.
E a sofredora plebe
Era a ela submissa.

No reino havia uma lei
Que proibia caçar
Sem ordem da majestade.
É oportuno lembrar
Que aquele que a transgredisse
Dura pena ia pagar.

Much, coitado moleiro,
Um morador do reinado,
Caçou ali umas lebres
Por estar necessitado,
E um xerife o prendeu
Por ter a lei violado.

Além de prender o homem,
Mandou queimar sua casa.
E, não contente com isso,
Dando à crueldade asa,
Decidiu-se a torturá-lo
Com ira acesa igual brasa.

Misericórdia! – o moleiro
Gritou tremendo e aflito.
– Cale-se! – disse o xerife
Com seu caráter maldito.
Príncipe João mandou cortar-lhe
A língua, escutando o grito.

– Mate-me de uma só vez! –
Era o que Much pedia,
Porque já não suportava
Aquela grande agonia,
Pois era imensa a tortura
Que o pobrezinho sofria.

Por quatro homens cruéis
Much foi logo arrastado
E para queimar seus olhos
Um ferro foi abrasado.
Mas se soltando morreu
Por uma flecha cravado.

Marian era a querida
Do famoso herói inglês
Robin Hood, que esperava
Paciente sua vez
De casar com sua amada
Que lhe era tão cortês.

Robin Hood e Marian
Um imenso amor nutriam.
Haviam determinado
Que logo se casariam.
Perante a sagrada lei
Dois corações se uniriam.

Na festa do casamento
De Robin com Marian,
Em forma de peregrinos
No mais desmedido afã,
Estavam dois traidores,
Sujeitos de alma vilã.

Os traidores da festa,
Um era o príncipe João
E o outro era o xerife
De que aqui já fiz menção,
O mesmo que conduzia
O moleiro pra prisão.

Na violenta batalha,
Que na igreja se deu,
O noivo não foi ferido,
Porém seu sangue "ferveu".
A lenda de Robin Hood
Naquele dia nasceu.

João Pequeno, um guerreiro,
De Joãozinho apelidado,
Na verdade, era um gigante
Que passou para seu lado.
Robin ficou muito alegre,
Sentiu-se bastante honrado.

Como guarda-florestal,
Robin saiu disfarçado.
Sobre o príncipe João
Queria estar informado,
Pra saber sua intenção
E andar com mais cuidado.

Encontrou certa pessoa
De delicadas feições
Que pareceu um rapaz.
Já pensou com seus botões
Obter então notícias
Para as suas conclusões.

Perguntou-lhe as novidades,
Mas teve resposta rude.
Deixou-o muito irritado
A descortês atitude.
Nem sempre o necessitado
Encontra quem o ajude.

Errou, pois não era homem
A quem ele interpelava.
Era sua Marian
Que também se disfarçava.
A emoção que tiveram
Nem um nem outro esperava.

Will Scarlet, um homem
De firmeza e confiança,
Amigo de Robin Hood,
Temendo ocorrer vingança,
Queria sempre ver Robin,
Totalmente em segurança

Por ser amigo de Robin
Uma arca Scarlet abriu
E duas bolsas de couro
De dentro subtraiu.
Pôs uma numa sacola,
De modo que ninguém viu.

Tinha a bolsa da sacola
Uma importante quantia
O valor ali contido
Scarlet entregaria
Para seu amigo Robin,
Pois a ele pertencia.

A sacola da quantia
Ele entregou de repente
Para o filho do moleiro
E pediu-lhe urgentemente:
– Leve para Robin Hood! –
Ficando muito contente.

Mas Scarlet foi visto
E logo reconhecido.
Quando entregava a sacola,
Ouviu bastante aturdido:
– Traidor, esteja preso! –
À prisão foi conduzido.

Iria ser enforcado.
Não haveria perdão.
Pagaria com a vida
A sua disposição.
Foi um frio calabouço
Sua maldita prisão.

O filho do tal moleiro
Sua missão terminava.
Entregou a Robin Hood
A sacola que portava,
Se livrando do perigo
Muito grande que passava.

– Não enforcarão Scarlet,
Juro pela minha vida! –
Assim disse Robin Hood
Com a voz estremecida.
Esperava confiante.
Não viu batalha perdida.

O grande herói da floresta
Livrou seu querido amigo
Da forca que o esperava,
Um horroroso castigo,
Sem ligar pra consequência,
Correndo enorme perigo.

Querendo obter notícia,
Pois há muito não sabia
Do frei Michael, cidadão
De destacada valia,
Robin sagaz em disfarce
Preparou-se certo dia.

Imitando um trovador,
Pegou ligeiro a estrada
Sem dispensar arco e flechas
E também a sua espada.
Deixou a sua floresta
Pela notícia buscada.

Encontrando uma choupana,
À sua porta bateu
Algumas vezes chamando,
Um cidadão o atendeu.
Tinha corpo avantajado
Que Robin reconheceu.

Robin não disse quem era
Logo que foi recebido,
Mas como reconheceu
Também foi reconhecido.
Era o frei que procurava,
Não foi esforço perdido.

Depois de saudar o frei
Com "Bom dia, companheiro!",
Vendo que o religioso
Era também um barqueiro,
Pra no rio atravessá-lo
Foi lhe pedindo ligeiro.

Chegando na outra margem,
Que era para onde ia,
Depois que o frei lhe cobrou
O preço da travessia,
Robin negou-se a pagar,
Usando de zombaria.

— Diga-me quem é você:
Frei, barqueiro ou assaltante?
Essa pergunta ofensiva
O fez mudar de semblante,
Sentindo no peito um golpe
Como um raio fulminante.

Pra se vingar do insulto
Que não pôde suportar
O frei pra cima de Robin
Se jogou sem vacilar.
Este, com a sua espada,
Na hora o fez recuar.

Novamente teve o frei
Que atravessá-lo no rio.
Desta vez nas suas costas
Da espada vendo o fio.
Submeteu-se ao vexame,
Sentindo grande arrepio.

Montado, Robin cruzou
O rio sem ter demora.
Nadando sem dizer nada
O pobre frei quase chora,
Pois se sentindo cavalo
Quase a raiva o devora.

Ao terminar o transporte,
Já o frei muito cansado,
No chão pôde jogar Robin
O deixando desarmado.
Tomou a espada dele,
Que o tal havia soltado.

O frei disse para Robin
Num tom de grande desdém:
— Montado nas suas costas
Atravessarei também
O rio nesse momento.
Não o socorre ninguém.

Só que vou lhe avisar.
Creio que não esmoreça,
Do outro lado do rio
Vou decepar-lhe a cabeça
Com uma só espadada,
Pois acho que assim mereça.

O frei, mesmo prometendo
A Robin lhe decepar
A cabeça assim chegasse
Aonde iria apear,
Não cumpriu sua promessa,
Só o quis amedrontar.

Com um aperto de mão
Acabou-se a desavença
Entre o frei e Robin Hood,
Havendo uma paz imensa.
Ambos se apresentaram
Perdoados da ofensa.

Joãozinho, Scarlet e Robin,
Certa tarde passeando,
Na estrada em que andavam
Os três alegres proseando,
Um açougueiro encontraram
Por ali também passando.

O Scarlet e Joãozinho
Foram logo se escondendo
E Robin foi, sem motivo,
O açougueiro ofendendo,
Provocando pra brigar,
Pois isso estava querendo.

Após cerca de uma hora
De uma luta violenta,
Robin quase perde um olho,
Por pouco não se arrebenta.
O insultado na força
Tinha valor de sessenta.

Com o rosto ensanguentado
E enfiado no chão,
Ficou o desafiado
Que brigou feito leão.
Só depois soube que Robin
Era aquele valentão.

Fingindo-se o açougueiro,
Com quem havia brigado,
Robin com as roupas dele
Por amigos ajudado,
Subjugou o xerife.
Seu plano deu resultado.

Tomou Robin do xerife
Seu dinheiro e seu cavalo,
Pra ele voltar a pé.
Não poderia poupá-lo.
Tão terrível mau-caráter,
Era preciso humilhá-lo.

A prisão de Robin Hood
O xerife autorizou.
O homem chamado Arthur,
Que de bom grado aceitou
A perigosa missão,
No entanto, se enganou.

Derrotado na missão,
Depois de renhida luta,
Arthur passou-se pra Robin,
No caráter fez permuta,
Ficando então em seu grupo
Seguindo nova conduta.

Um dia, ao sair pra caça
Uma voz Robin ouviu,
Entoando uma cantiga
E a ela se dirigiu.
Que havia melancolia
Na mesma não pressentiu.

Quem cantava era Allan Dale
Para afastar a tristeza.
Mil libras que possuía
Já contadas pra despesa,
De seu breve casamento,
Lhe roubaram com frieza.

Os ladrões de seu dinheiro
Inda foram mais além.
A sua querida noiva
Eles roubaram também,
Pra dá-la a fidalgo rico
Torpe como Pedro Cem[1].

Então, perguntou-lhe Robin,
De quanto necessitava
Pra reaver sua noiva,
Que sinceramente amava
E que tê-la devolvida
Ansioso desejava.

As libras que lhe tomaram
Respondeu ser o bastante
Pra ter a noiva de volta
Daquela hora em diante.
Considerava a amada
O prêmio mais relevante.

O noivo era um homem velho,
Baixo e ainda corcunda.
A noiva estava arrasada,
Ferida e meditabunda.
Casar com quem não queria
Era amargura profunda.

O casamento forçado
Não pôde ser concluído.
Sob o comando de Robin
Foi na hora interrompido.
Dale foi quem se casou
Com seu amor tão querido.

[1] Personagem de uma lenda portuguesa, Pedro Pedrossem era, no século XVIII, um rico comerciante que teria empobrecido por conta de um castigo divino. Sobre a lenda, há um folheto de cordel, *A vida de Pedro Cem*, de Leandro Gomes de Barros.

Robin com tal casamento
Contraiu inimizade.
Dar-lhe severa lição
Tornou-se a grande vontade
Do bispo que, coagido,
Casou Dale e a beldade.

Foram pedidos dez homens
Para fazer a prisão
Do astuto Robin Hood,
Mas, não tendo o "pelotão",
Foi decidido prendê-lo
Por meio de uma traição.

Para executar o plano,
Tão covarde e vergonhoso,
Ficou a cargo de Worman,
Que o praticou orgulhoso,
Pois já odiava Robin.
Agiu muito cauteloso.

Como pobre peregrino
Bem sujo e esfarrapado,
Outro inimigo de Robin,
Por Worman foi mandado
Procurar seu desafeto
Desse jeito disfarçado.

Encontrado, perguntou
Se podia lhe mostrar
A casa de Robin Hood,
Pois precisava falar
Com o grande defensor
Para notícia lhe dar.

O portador da notícia
Falava, mas não sabia
Que conversava com Robin,
Pois ele não conhecia.
O grande herói da floresta
Grande perigo corria.

A notícia que foi dada
Era de arrepiar:
Worman com o xerife
Iam sem dó enforcar
Dois rapazes, e um outro
Cruelmente iam cegar.

Foi uma grande armadilha
Para Robin preparada.
Era a notícia uma isca
Que sutil lhe fora dada,
Pra pegá-lo de surpresa
Em horrorosa cilada.

Pra o suposto peregrino
Robin lhe disse quem era.
Não desconfiou que ia
Cair em poder de fera,
Que numa sanha maldita
Já estava à sua espera.

Sem medir a consequência,
Como quem perdeu o tino,
Pagou quarenta moedas
Para o falso peregrino,
Em troca de suas roupas
Sem ligar pro figurino.

Depressa foi defender
Os pobres dos três rapazes,
Contando com sua audácia
E com seus punhos capazes,
Sem pensar em traidores
Covardemente sagazes.

Só dois rapazes havia
E para seu desconforto
Robin viu logo que um deles,
Coitadinho, estava morto.
Doeu-lhe no coração,
Naquele quadro absorto.

O outro rapaz estava
Com a corda no pescoço,
Esperando enforcamento,
Com o sangue em alvoroço.
Deixaria o velho mundo
Sendo ainda muito moço.

Foram ditos três rapazes
Para o herói de valor,
Porque Worman contava
Num desmedido fervor,
Com ele na punição
Por lhe faltar defensor.

Disfarçado entre os presentes,
Como horrível cascavel,
Robin se prontificou
Para fazer o papel
Do carrasco que tardava
Em sua missão cruel.

Só que Robin não queria
Praticar assassinato.
Com seu disfarce aplicava
O grande pulo do gato,
Tentando livrar da morte
O réu no momento exato.

Recebendo permissão
Pra matar o condenado,
Em vez de puxar a corda
Para que fosse enforcado,
Ele a partiu à flechada
Como havia planejado.

Livrou o rapaz da morte,
Mas para si contraiu
Uma forte inimizade.
Em grande apuro se viu.
Foi por obra de um milagre
Que o herói não sucumbiu.

Robin fugiu, mas Worman,
Homem do gênio de cobra,
Não cessou de procurá-lo.
Porém, Robin se desdobra
E faz achar outro alguém
Numa perfeita manobra.

Robin soprou logo a trompa
E seus homens, em batalha,
Worman sem dó cercaram
E o tremendo canalha
Sentiu como se estivesse
Sob o fio da navalha.

Worman, irado, a seus guardas
Ordenou o contra-ataque
Com saraivada de flechas,
Num confronto como saque,
Porque o povo de Robin
No arco e flecha era craque.

A ordem que Worman deu
Os guardas não atenderam.
Em paz guardaram seus arcos,
O herói não combateram.
Ao incompetente chefe
Todos desobedeceram.

Joãozinho, Scarlet, Arthur,
Robin na hora escolheu
Para amarrarem Worman,
Que bastante o ofendeu.
Ele suplicou perdão,
Porém, ninguém lhe valeu.

Um laço foi preparado
Pra fazer justa vingança.
Nele o criminoso Worman
Morreu sem haver tardança.
Quem não tem misericórdia
Esta também não alcança.

Num bonito amanhecer,
Preparando a refeição,
Os homens de Robin Hood
De rijeza de tendão,
Pararam pra escutar
O que dizia o "patrão".

— Esta noite eu tive um sonho
Muito estranho, vou contar —
Assim disse Robin Hood
E começou a narrar.
Foi uma premonição
Que veio para o salvar.

— Sonhei que dois moradores
Muito fortes da floresta
Desafiaram-me à luta.
A contenda foi funesta.
Vejo no sonho que tive
Revelação manifesta.

Fui derrotado na luta
Sendo meu arco quebrado
Pelos desafiadores.
E depois fui amarrado,
Ficando então indefeso,
À força subjugado.

Bastante preocupado
Com tão horroroso sonho,
Não se rendeu um minuto
Ante esse aviso medonho.
Teria que vigiar,
Porém, não ficou tristonho.

Foram Joãozinho e o Robin,
Com sutileza sozinhos,
Armados e bem atentos
Investigar os caminhos,
Porque a qualquer momento
Podiam topar "espinhos".

Depois de alguns passos dados
Viram com grande surpresa
Um homem simples treinando
Arco e flecha com destreza
Com o rosto encapuzado,
O que causava estranheza.

Pra chegar mais perto dele
E com o tal conversar
Joãozinho pediu a Robin,
Mas este não quis deixar.
Sentiu que seu companheiro
Muito iria se arriscar.

O Joãozinho resolveu,
Sem antever emboscada,
Inspecionar ligeiro
Alguns pontos da estrada
Que passava no lugar,
Porque não temia nada.

Num dos pontos avistou
O que não pensava ver:
Dois homens mortos por flecha.
Isso já o fez saber
Que ali corria perigo
De aquilo lhe acontecer.

Depois, pelo mato adentro
Viu que Scarlet corria,
Pois um numeroso grupo
De homens o perseguia,
E soldados do xerife
Nesse grupo também via.

Perdeu Scarlet a vida
Numa flechada certeira,
Disparada contra ele
Por pessoa traiçoeira,
Que atirou covardemente
No coitado na carreira.

Joãozinho, tendo assistido
Aquele sujo papel,
Ficou triste e revoltado.
Quase ficava pinel.
Abateu o assassino
Com fúria de cascavel.

De imediato foi preso
Devido ao que praticou.
A vingança merecida
Muito caro lhe custou.
À presença do xerife
Alguém depressa o levou.

O seu fim era ser morto
Enforcado no castelo.
O xerife o provocava
Como querendo duelo.
Para o vil provocador
Vê-lo morrendo era belo.

Enquanto o pobre Joãozinho
Aguardava o triste fim
Na feroz mão do carrasco,
Como indefeso alevim,
Robin de novo ficou
Sobre um mortal "estopim".

Um flecheiro solitário
Na floresta apareceu.
Robin sendo inteligente
Sem dúvida percebeu
Ser um profissional
Que muito bem aprendeu.

Por capuz semicoberto
Para não ser conhecido
Trazia o dito flecheiro
O rosto assim protegido.
Disse para Robin Hood
Que ali estava perdido.

O Robin prontificou-se
No que pudesse ajudá-lo.
Por ser muito solidário
Desejava auxiliá-lo.
Não pensava o grande herói
Que caísse do cavalo.

– Eu procuro Robin Hood,
No seu grupo quero entrar –
Disse-lhe o desconhecido,
Mas sem se identificar.
Robin não lhe disse ser
Quem ele queria achar.

– Posso levá-lo até ele.
Convidou: – Venha comigo!
Naquele que o procurava
Já antevia o perigo.
Pressentiu estar diante
De um poderoso inimigo.

Sentar-se pra conversar
O estranho sugeriu,
Com que Robin concordou,
Mas, esperto, lhe pediu
Para comprovar na flecha
O que dele concluiu.

O estranho encapuzado
Aceitou o desafio.
Bem seguro em sua arte
Viu nele grande elogio.
Ia mostrar que no alvo
Não cometia desvio.

Robin depôs arco e flechas
Ali ao lado no chão,
E onde seria o alvo
Foi fazer a marcação.
Quando mediu uns cem metros
Caiu em pérfida mão.

Um "basta de brincadeira!"
Neste instante então ouviu.
Reconheceu logo a voz.
Um grande abalo sentiu:
Era o vil Guy de Gisborne
Que do disfarce saiu.

Num curto piscar de olhos,
Com desmedida destreza,
Robin conseguiu partir,
Pra sua grande defesa,
O arco com que Gisborne
Expunha sua braveza.

Vendo seu arco partido
Gisborne não vacilou,
Sacou logo sua espada,
Mas também Robin sacou
E entre os dois um combate
Violento se travou.

Por ter atingido o braço
Do violento brigão,
Que lutava ferozmente
Com força de tubarão,
Robin pôde desarmá-lo
Sem medo de haver questão.

Livrando-se de Gisborne
Que com um golpe abateu,
Trocou de roupas com ele,
Bom disfarce concebeu,
Pra que fosse confundido
Com o que a vida perdeu.

Ligeiro tocou a trompa
Que Gisborne conduzia.
O som cruzou a floresta,
Levando grande alegria
Ao xerife, pois o toque
Tinha-lhe grande valia.

Conforme foi combinado
Seria o toque o aviso
Da morte de Robin Hood,
Pois seu fim era preciso,
Para seus perseguidores
Que viviam no seu piso.

Depois de tocar a trompa,
Para levar a notícia,
No cavalo de Gisborne
Robin seguiu com perícia,
Com um saco ensanguentado
Sem nem temer a polícia.

Fingindo-se de Gisborne,
Pra não findar num esquife,
Robin sempre astucioso
Pôde enganar o xerife,
Criatura sem moral,
Um verdadeiro patife.

— É a cabeça de Robin
Que está dentro desse saco —
Disse ao xerife covarde,
O mais desprezível caco,
Um cabra sem cotação
Que não valia um cavaco.

Diversos homens estavam
Já amarrados no chão,
E Joãozinho entre eles,
Sem a menor compaixão.
Quando chegou Robin Hood
Mudou a situação.

Com um plano bem traçado
Robin saiu triunfante.
Solicitou ao xerife,
Se mostrando intolerante,
Que o deixasse matar
Também aquele gigante.

O tal gigante que Robin
Pediu para eliminar,
Era o amigo Joãozinho,
Um companheiro exemplar.
Porém, seu plano era as cordas
Que o prendiam cortar.

– Fique quieto – Robin disse.
Não podendo ser ouvido,
Sinalizou-lhe de longe,
Sendo de pronto atendido.
Mas captou o xerife
O seu plano concebido.

Travou-se ali um combate
Com flecha, espada e bastão.
Pra vencer o inimigo,
Robin, veloz qual tufão,
Com a coragem de sempre,
Não temeu rebelião.

Robin, se arriscando muito,
Parou a luta um instante.
Sem vacilar um segundo
Fez na trompa um som vibrante,
Chamando seus companheiros,
Rijos como diamante.

Majestoso cavaleiro
Apareceu de repente,
Todo vestido de preto,
Com jeito de combatente.
Da mesma cor também era
O seu cavalo imponente.

Presenciando o combate,
Ficou muito aborrecido.
Disse: – Afastem-se, covardes!
Pois por mim é proibido
Lutar tantos contra poucos.
Foi o varão atendido.

Ao ouvir aquela ordem
Para a luta terminar,
Muitos homens do xerife
Não quiseram mais lutar.
O homem misterioso
Fez o combate parar.

Até o próprio xerife,
Sem saber o que fazer,
A decisão que tomou
Foi assustado correr.
Seus homens o imitaram
Como cumprindo um dever.

Devido a seus fiéis homens
Por sua trompa chamados
Nem um ter aparecido,
Foram logo procurados
Por Robin, que já pensou
Estarem subjugados.

Atravessou a floresta
Que bastante conhecia,
Subiu numa elevação
De onde muito bem se via
A estrada lá embaixo
Que no lugar existia.

Avistou seus companheiros
Tristemente caminhando.
Alguns em péssimo estado.
O herói observando
Via, mas não era visto
De onde estava investigando.

Por pelotão de soldados
E por guardas florestais
Iam todos vigiados
Como porção de animais.
Robin pensou que seu povo
Tinha momentos finais.

Quando o pelotão passou,
Os vigiados também,
Robin saiu na estrada
E qual batida de trem
Saltou na frente dos guardas
Sem ter medo de ninguém.

— Eu não gosto de vingança.
No entanto, vou puni-los! —
Disse Robin para os guardas,
Pois iria despedi-los
Desta terra para sempre.
Não queria nem ouvi-los.

Correram todos os guardas
E Robin dando flechada.
Cada flecha despedida
Era num guarda fincada.
Nenhuma flechada errou,
Matando toda a cambada.

Vindo de dentro do mato,
Um homem muito afobado
Encontrou um peregrino
Ao qual deixou inteirado
De algo que o incomodou
E o deixou preocupado.

Depois daquilo que ouviu,
O peregrino ligeiro
Mandou ao que parecia
Ser um grande mensageiro
Voltar por onde viera,
Seguindo o mesmo roteiro.

Logo o bispo de Hereford
Na estrada apareceu
Acompanhado de uns guardas,
E querendo um favor seu
O humilde peregrino
Ao tal bispo requereu.

O peregrino queria,
Sob sua proteção,
Atravessar a floresta,
Que havia na região.
Porque temia encontrar
De repente algum ladrão.

Peregrino, bispo e guardas
Seguiram pela floresta.
Depararam com pastores,
Pra estes, hora funesta,
Porque com carne de lebre
Estavam fazendo festa.

– Acaso vocês não sabem
Da lei que aqui é reinante
Proibitiva de caça
Como crime horripilante?
O bispo lhes perguntou
Com um irado semblante.

Todos quase ao mesmo tempo
Lhe pediram: – Por favor
Perdoe-nos por esta vez –
Sentindo grande temor,
Sabendo que a punição
Era feita com rigor.

– Pedir perdão e desculpas
Só isso sabem fazer? –
Perguntou ironizando
O bispo sem atender
O pedido e, sem clemência,
Pelo ato iam morrer.

Um dos pastores tocou
Uma trompa nessa hora.
O local se encheu de arqueiros,
Isso com pouca demora.
Robin recebeu ajuda
Dos companheiros de fora.

À frente empunhando o arco
Vinha o gigante Joãozinho,
Um dos arqueiros citados
Que como grande padrinho
Era a favor dos pastores,
Em nada sendo mesquinho.

Com a roupa de pastor
Entre eles disfarçado,
Se encontrava Robin Hood
Que vivia preparado.
Livrou-se de seu disfarce
E foi identificado.

Joãozinho lhe perguntou
Aquele homem quem era,
Se referindo ao mau bispo
Que agia como uma fera,
Robin lhe disse seu nome
E mais o que ele dissera.

– Cortem a cabeça dele! –
Joãozinho mandou raivoso,
Mas implorou de joelhos
O cruel religioso,
Para que não o matassem.
O bravo virou medroso.

– Só isso sabe fazer? –
Robin já foi perguntando.
Da ironia do bispo
Estava então se vingando.
Aquilo que o bispo fez
Agora estava cobrando.

A sede pela vingança
O coração comoveu,
Do bondoso peregrino
E ao bispo favoreceu,
Sendo poupado da morte,
Pois o perdão recebeu.

Enquanto ocorria isso,
Não muito longe dali
Se encontrava Marian,
A mulher que era rubi,
Para Robin, seu querido,
Principal herói aqui.

Príncipe João, falso rei,
E sua guarda nojenta,
Surgiram naquele instante
E com furor de tormenta
Queriam fazer a prenda
De Robin Hood detenta.

Uma gorda recompensa
Príncipe João prometeu
A quem o Robin prendesse,
Porém, ninguém se atreveu
Nem as mãos nele encostar.
A promessa não valeu.

Atirando Marian
No chão como objeto,
O príncipe João raivoso,
Aquele nocivo inseto,
Sacou logo sua espada.
Contra Robin foi direto.

O falso rei não notou
Que se encontrava acuado.
Os homens de Robin Hood
Chegaram por todo lado.
Para seu grande castigo,
Na luta foi derrotado.

Foi preso numa caverna
Sem que se fizesse alarde
O brigão incompetente,
Falso monarca covarde,
Onde ficou amarrado
Pra ser punido mais tarde.

Lembrando o príncipe João
Robin mandou ir buscar
Na prisão em que se achava.
Iria determinar
O que fazer para ele
Os seus delitos pagar.

Saindo lá da caverna,
João ficou muito assustado.
Ao fitar o peregrino,
Disse muito embaraçado:
– Rei Ricardo está de volta!
Acabou-se o meu reinado!

O coitado peregrino
Era o verdadeiro rei
Ricardo, tão desejado,
Pra cuidar da justa lei,
Tratando bem o seu povo
Como bom pastor da grei.

João saltou rapidamente,
No seu cavalo correu.
A presença do irmão
Bastante o enraiveceu,
Porque sua autoridade
Dali por diante perdeu.

Robin Hood ajoelhou-se,
Em sinal de reverência,
Na frente do rei Ricardo,
Pela subserviência,
Respeitando sua alteza,
Um homem de competência.

O povo de Robin Hood
Imitou seu nobre gesto,
Com os joelhos em terra,
Grande preito manifesto,
Que mostrou ao rei Ricardo
O tanto que era modesto.

– Levantem-se, meus amigos! –
Pediu com doce expressão
Ricardo, o rei genuíno,
O "Coração de Leão",
A todos que ali estavam
Com seus joelhos no chão.

Ser ele o misterioso
Cavaleiro a Robin disse
Que se vestia de preto
Sem que ninguém descobrisse
E que o livrou dos soldados,
Pra que com vida saísse.

Por Robin não ser casado
Ainda com Marian,
Na volta do rei Ricardo,
Cuja espera não foi vã,
Casaram vendo o monarca
Com a vida salva e sã.

Com a volta de Ricardo
Reinando sobre a nação,
Robin, que era perseguido
Sem trégua nem compaixão,
Passou a ser respeitado.
Como honrado cidadão.

Rei Ricardo, um combatente,
Muito não permanecia
Na sua cara Inglaterra.
Constantemente partia,
Pra combater inimigos
De sua soberania.

Das culpas príncipe João foi
Por seu irmão perdoado,
Porém, não ficou feliz,
Sentiu-se muito arrasado,
Por não achar mais motivos
De Robin ser derrotado.

Não podendo abertamente
Como já havia feito
Prejudicar Robin Hood,
Trazia a mágoa no peito,
Em silêncio procurava
De ofendê-lo o melhor jeito.

Passaram só cinco anos
De felicidade e paz
Ali naquele reinado,
Tempo bastante eficaz,
Pra Robin que seus pesares
Tinham ficado pra trás.

Pra longa guerra Ricardo
Teve um dia que partir.
Caso na dita morresse
Seu irmão ia assumir
O trono mais uma vez.
Ninguém podia impedir.

Estava sendo falado
Que o rei Ricardo morreu.
Joãozinho, sabendo disso,
Contou ao amigo seu,
Mas Robin Hood, o ouvindo,
Em tal notícia não creu.

Achava que era mentira
Que alguém no reino espalhou
Sobre a morte do monarca.
Muito irritado ficou.
Para constatar o fato
Logo já se destinou.

Joãozinho, vendo perigo
Naquela sua atitude,
Que levasse homens valentes
Aconselhou Robin Hood,
Temendo que ele, indo só,
Findasse no ataúde.

Robin não obedeceu
O bom conselho que ouvia.
Partiu sozinho sem medo.
Perigo não pressentia.
Caiu em grande cilada,
Surpresa que não previa.

Por ser morto na batalha
O Coração de Leão,
Robin foi logo depois
Colocado na prisão,
Isso traiçoeiramente,
Pelo mau príncipe João.

Robin, com leve esperança
Na trompa que conduzia,
Nela pegou a tocar,
Talvez alguém ouviria
Seu som e bom resultado
Dele pensou que teria.

Joãozinho, bastante esperto,
Logo o toque respondeu,
Querendo dizer pra Robin,
Estimado amigo seu,
Que já estava ciente
Da traição que lhe ocorreu.

Com auxílio de uma flecha,
Foi mandada para a cela,
Onde Robin se encontrava,
Uma corda que por ela
Ele pudesse sair
Logo daquela esparrela.

Robin prendeu uma ponta
Da tal corda com firmeza
E pendurado na outra,
Com uma grande destreza,
Foi saindo da prisão
Que era pra ele baixeza.

Mais ou menos cinco metros
Já para no chão chegar,
Nisso a corda arrebentou.
Robin não pôde evitar.
E a queda que sofreu
Fez o pobre desmaiar.

Joãozinho o socorreu,
Ainda desacordado.
Tinha quebrado uma perna
E a boca machucado.
Dentro dele algo partir-se
Robin disse ter notado.

Para evitar que o príncipe
Consumasse seu intento,
Ou seja, com Marian
Se unisse em casamento,
Robin deixou sua amada
Escondida num convento.

Disse-lhe que se escapasse
Da maldita tirania
Do bruto príncipe João
No convento a buscaria.
De Marian despediu-se
Sentindo a vida vazia.

Galopando em seu cavalo,
Mudando de direção,
Primeiro seguiu pro norte
E depois pro leste então,
Despistando os inimigos,
Mas foi esperteza em vão.

A derradeira manobra
Que fez foi pro litoral.
Numa estalagem que havia
Ali naquele local,
Robin deixou seu cavalo,
Um valioso animal.

Mal saiu da estalagem,
Nela apressados chegaram
Seus cruéis perseguidores
E ali o procuraram.
Sem dó revirando tudo
Que pela frente encontraram.

Na pensão onde ficou,
A dona deu-lhe comida,
Cuidou carinhosamente
Daquela grande ferida
Que tinha numa das pernas
Pela queda sucedida.

Robin disse pra mulher:
— Sou um pobre pescador.
O meu nome é Simon Lee —
Evitando assim se expor,
Porque os seus inimigos
Caçavam-no com rigor.

Disse também à senhora
Que havia sido assaltado
Na estrada por bandidos,
Que tudo lhe foi tomado
E que até perto dali
Por eles foi procurado.

Duas moedas de ouro
Era o que Robin trazia,
E a dona da pensão
Desse dinheiro sabia,
Propôs trocar pela vaga
De um barco que partiria.

Robin, que estava querendo
Encontrar uma saída
Do lugar onde se achava,
Defendendo sua vida,
Optou sem vacilar
Pela troca sugerida.

No dia seguinte à troca,
Robin saiu bem cedinho
No barco, que era pesqueiro,
Alegre nem um pouquinho
Por sua vida estar sendo
Terrível redemoinho.

O comandante do barco
Certa tarde descobriu
Vindo um navio pirata
E depressa o preveniu.
Que iriam ser escravos
Foi o que lhe advertiu.

Quando o navio pirata
Chegou no ponto ideal
De que flecha o alcançasse,
Robin, sempre genial,
Flechou logo um dos corsários
De uma maneira mortal.

Pra se defender matou
Toda aquela gente errada.
Até mesmo os que escaparam
Da sua rija flechada.
Ninguém conseguiu fugir.
Robin ganhou a parada.

Havia um rico tesouro
Lá no navio pirata.
O comandante do barco,
Uma pessoa sensata,
Nada queria daquela
Riqueza talvez intata.

Robin deu metade à dona
Da pensão que o hospedou,
Que curou seu ferimento,
E o barco lhe arranjou,
Pra que seguisse seu rumo.
Muito alegre ela ficou.

O restante do tesouro
Robin, de bom coração,
Justiceiro como era,
Fez perfeita divisão.
Todos os favorecidos
Lhe mostraram gratidão.

Bastante ainda sobrou
Daquela grande riqueza.
A todo o povo do barco
Robin pediu com fineza
Que, ao voltar à Inglaterra,
Doasse tudo à pobreza.

Robin não seguiu viagem
Naquele barco pesqueiro.
Somente até certo ponto
É que foi seu passageiro.
Em Yorkshire foi
Que fez o seu paradeiro.

Chegando à localidade
Na qual iria ficar,
Robin deu adeus a todos
Pra outro rumo tomar.
O seu verdadeiro nome
Fez questão de revelar.

Da praia Robin gritou,
O barco já se afastando:
— Se perguntarem meu nome —
Disse então se revelando
— Não me chamo Simon Lee,
Como vinham me chamando.

Eu sou Robert Fitzooth
Conhecido muito bem,
O senhor de Huntington,
Mas dizer melhor convém:
Sou chamado Robin Hood,
Cuja fama vai além.

No convento, Marian
Por Robin sempre esperava,
Sentindo saudade dele,
Mas ninguém a molestava.
No entanto, um certo dia,
O seu sossego acabava.

Com a morte de Ricardo,
Reinando o tirano João,
Este mandou ao convento
Soldados, cuja missão
Era buscar Marian,
Um desrespeito cristão.

A madre superiora
Recusou-se a entregá-la.
Simpatizava com Robin
E não queria deixá-la
Ser entregue ao rei João
Que iria conspurcá-la.

Muito tempo já passado,
Robin Hood apareceu
Apoiado num bastão
Pela queda que sofreu.
Ainda tinha a ferida
Que o acidente lhe deu.

Chegando lá no convento
Pediu, sem dizer quem era,
Que a madre o ajudasse.
Pequena foi a espera
Para que fosse atendido
Em sua busca sincera.

Recebeu um curativo
Em seu velho ferimento,
Pela caridosa madre,
Que lhe deu um aposento
Pra que ficasse hospedado
Ali naquele convento.

Robin revelou-se à madre
Dizendo o que pretendia:
Notícias de sua Marian,
Que era tudo o que queria.
Sua saudade era grande,
Pois há tempo não a via.

Cansado e muito abatido,
Sentindo grande fraqueza,
Era quase fim de tarde,
Tocou com muita firmeza
A sua famosa trompa,
No som mostrando tristeza.

Os seus amigos chegaram,
Como resposta ao chamado.
Antes chegou sua amada,
Pelo som ter escutado.
Rezava lá na capela
Que era seu dever sagrado.

— Vim pra morrer ao seu lado,
Minha querida — falou
Seu esposo Robin Hood,
— Porque o meu final chegou.
Porém, antes que expirasse
Um pedido formulou.

Pediu seu arco, uma flecha
Em sinal de despedida.
Atirou pela janela
Pela última vez na vida.
Fosse onde a flecha caísse
Na morte sua guarida.

Por coincidência, a flecha,
Como entendendo o pedido,
Foi cair bem no local
Onde os pais tinham vivido:
A floresta de Sherwood.
Seu desejo foi cumprido.

Concluo a famosa história
Inglesa que versejei.
Como gosto muito dela
Em versos a recriei.
Robin Hood falta sempre
Onde está injusta a lei.

BIOGRAFIAS

CÍCERO PEDRO DE ASSIS

Nasceu em Caruaru, Pernambuco, em 1954, e reside na cidade de São Paulo desde 1970. Membro da Academia Brasileira de Literatura de Cordel, sediada no Rio de Janeiro, ocupa a cadeira nº 30, patronada pelo poeta e repentista paraibano José Galdino da Silva Duda (Zé Duda). Pertence também a outras entidades. É autor de duas composições musicais gravadas pelo Trio Nortista no disco *Rapaz Pobre*. Cícero recriou em cordel vários clássicos da literatura universal, como *Aventuras de Simbá, o Marujo*; *Aventuras de Robinson Crusoé*; *Viagens de Gulliver*; *Rei Artur e os Cavaleiros da Távola Redonda*, entre outros temas e personagens.